文明密码手账

用康奈尔笔记法体验高效简单生活

匠人匠心

《文明密码》节目组 主编
魏策 阿寻 执笔

黑龙江科学技术出版社
HEILONGJIANG SCIENCE AND TECHNOLOGY PRESS

图书在版编目(CIP)数据

文明密码手账 : 匠人匠心 / 《文明密码》节目组主编; 魏策, 阿寻执笔 . -- 哈尔滨 : 黑龙江科学技术出版社, 2019.6

ISBN 978-7-5388-9917-7

Ⅰ. ①文… Ⅱ. ①文… ②魏… ③阿… Ⅲ. ①非物质文化遗产—介绍—中国②手工艺—介绍—中国 Ⅳ. ①G122②J528

中国版本图书馆 CIP 数据核字(2018)第 292677 号

文明密码手账:匠人匠心

WENMING MIMA SHOUZHANG:JIANGREN JIANGXIN

《文明密码》节目组 主编 魏 策 阿 寻 执笔

项目总监 薛方闻
项目策划 郑 毅 赵 铮
责任编辑 回 博
装帧设计 新华环宇
出　　版 黑龙江科学技术出版社
地址:哈尔滨市南岗区公安街 70-2 号 邮编:150001
电话:(0451)53642106 传真:(0451)53642143
网址:www.lkcbs.cn
发　　行 全国新华书店
印　　刷 雅迪云印 (天津) 科技有限公司
开　　本 148 mm×210 mm 1/32
印　　张 8.5
字　　数 200 千字
版　　次 2019 年 6 月第 1 版
印　　次 2019 年 6 月第 1 次印刷
书　　号 ISBN 978-7-5388-9917-7
定　　价 35.00 元

康奈尔笔记法，又叫作“5R 笔记法”，是以这种笔记法诞生的所在大学的校名命名的。这一方法几乎适用于一切学习和工作会议情况，是一种行之有效的记与学、思考与运用的笔记法。其主要步骤包括**记录、简化、背诵、思考和复习。**

这种笔记法会把笔记本的空间分成大小不等的 3 个区域，每个区域都有特定用途。页面的主要区域被称为“主栏”，标记为“Notes”，主要用于学习和会议的实时记录，其内容包括但不仅限于时间、主题、主讲人、抄录的板书、PPT 内容，等等；左侧或右侧的边栏为“线索栏”，标记为“Essentials”，主要用于记录要点、提问、图表、提示和思考；页面的顶部或底部为“总结栏”，标记为“Summary”，用于记录重点、总结、需要注意的事项以及可检索的关键词。

学习、使用康奈尔笔记法可以帮助你提高学习和工作的效率，快来试一试吧！

康奈尔笔记法 Cornell Notes

线索栏

· 主要的想法
· 提问
· 图表
· 帮助回忆的提示

填写时间：
课后复习时

主栏

· 记录听讲、读书内容

填写时间：听课、阅读、开会时

①记录（Record）

②简化（Reduce）

③背诵（Recite）

总结栏

填写时间：课后复习时

· 记入最重要的几点
· 写成可以快速检索的样子

④思考（Reflect）

⑤复习（Review）

文玩核桃

核桃配对儿，要观“前后左右上下”六面。两面相配叫配对儿，四面叫基本配对儿，五面叫精品配对儿，六面叫佳对儿，六面都堪称完美的叫绝对儿。配对儿，首先从外观大小需要相近相似，越相似越完美。运用专业的卡尺，先量出核桃的外宽边，再量“肚”的直径，然后是高度。大小尺寸上达到一定标准的核桃还要纹理舒展，肚儿饱满不亏肉，如此最终能够配在一起的，才算“佳偶得成”。

Essentials

Notes

Summary

Notes

Essentials

Summary

Notes

Essentials

Summary

Essentials

Notes

Summary

Summary

Notes

Essentials

Essentials

Notes

Summary

Essentials

Notes

Summary

Notes

Essentials

Summary

Summary

Essentials

Notes

Summary

Notes

Summary

Essentials

Summary

Essentials

Notes

Essentials

传统木制家具

中国传统木制家具历史悠久，源远流长，经过数千年的发展，至明清时期达到鼎盛。

明代木制家具结构明快、造型大方，追求古朴典雅，装饰洗练、不事雕琢，注重实用、美观；清代家具沉稳厚重、装饰繁复，重雕刻和镶嵌，造型奇巧多变，以富丽华美著称。

明清家具工艺精湛、线条流畅，突出木材天然的纹理色泽，透露出中华文化特有的风貌。毋庸置疑，宫苑家具代表了这时期中国古典家具制作的最高水平，它将中国传统的审美观念、哲学思想和实用精神，通过精湛的制作技艺灌注凝聚于方圆凿枘之间，创造了独树一帜的中华家具文化。

Essentials

Notes

Summary

Notes

Essentials

Summary

Notes

Essentials

Summary

Essentials

Notes

Summary

Summary

Notes

Essentials

Essentials

Notes

Summary

Essentials

Notes

Summary

Notes

Essentials

Summary

Summary

Essentials

Notes

Summary

Notes

Summary

Essentials

Summary

Essentials

Notes

Essentials

琉璃

最早关于琉璃构件的文献始于北齐的《魏书》，这是中国有关烧造琉璃构件和建筑琉璃的最早记录，距今已有 1400 多年的历史。史料载，公

元四世纪初，北魏拓跋氏定都平城（今山西大同），在修筑宫殿、鸱尾、吻兽及殿宇台阁时，开始使用琉璃制品，所以山西是中国琉璃建筑的发祥地，也是最重要的产地。

Essentials

Notes

Summary

Notes

Essentials

Summary

Notes

Essentials

Summary

Essentials

Notes

Summary

Summary

Notes

Essentials

Essentials

Notes

Summary

Essentials

Notes

Summary

Notes

Essentials

Summary

Summary

Essentials

Notes

Summary

Notes

Summary

Essentials

Summary

Essentials

Notes

Essentials

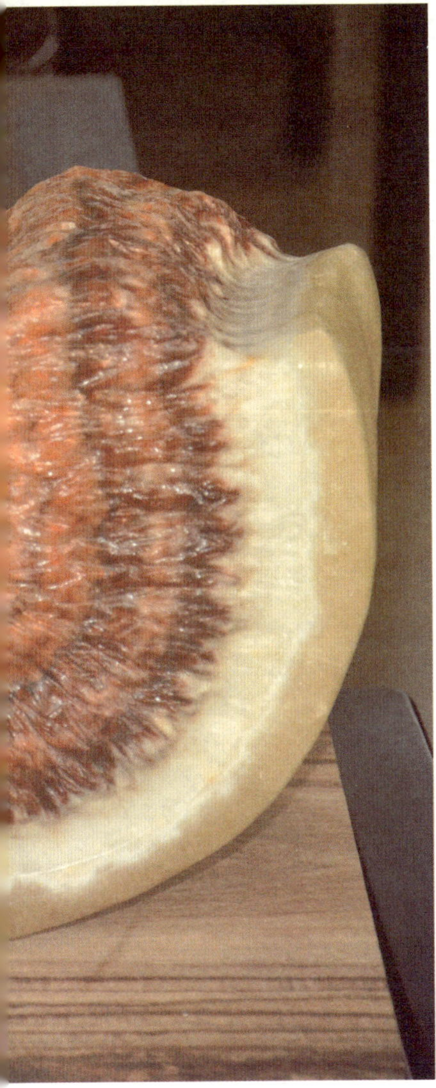

肉石

肉石珍贵，贵在有“皮”。

一块上好的肉石，不但要形似，更重要的是要有皮。康保肉形石的奇特之处就在于“肉皮”。略带皱褶，似有细密毛孔又显油润的肉皮在全国肉石界都属罕见，极具收藏价值。由于康保肉石均出自草原戈壁滩，是天然的戈壁石，是亿万年地质作用、戈壁滩千年风霜雨雪造就的，条件极其严苛，所以储量有限，极其稀有。

Essentials

Notes

Summary

Notes

Essentials

Summary

Notes

Essentials

Summary

Essentials

Notes

Summary

Summary

Notes

Essentials

Essentials

Notes

Summary

Essentials

Notes

Summary

Notes

Essentials

Summary

Essentials

Essentials

Notes

Summary

Notes

Summary

Essentials

Summary

Essentials

Notes

Essentials

鸡血石

从收藏、赏玩、增值的角度出发，品鉴巴林鸡血石一般看三点：一是血色，鸡血以鲜、凝、厚为佳，颜色越鲜红越艳丽则越受追捧；二是血量，鸡血石讲究血量不仅要多，而且要分布集中，一般一块石头含70%的血量即被认为上品，70%~80%的血量被誉为“大红袍”，80%以上为极品鸡血石；三是血形。

巴林鸡血按形态可分为片红、条红、斑红、点点、团红等数种，血形评价以“血”在石“地”中的分布特征为据，若如云似雾，构成抽象的图形，则价值倍增。

Essentials

Notes

Summary

Notes

Essentials

Summary

Notes

Essentials

Summary

Essentials

Notes

Summary

Summary

Notes

Essentials

Essentials

Notes

Summary

Essentials

Notes

Summary

Notes

Essentials

Summary

Summary

Essentials

Notes

Summary

Notes

Summary

Essentials

Summary

Essentials

Notes

Essentials

湖笔

众人皆知，文房四宝，首称为“笔”；而湖笔，则因“毛颖绝技甲天下”而有“笔中之冠”的美誉。

湖州历来是东南形胜之地，文风昌盛，历代文人才子迭出。著名书法家王羲之、王献之、颜真卿、米芾、苏轼等都曾在湖州为官或寓居于此，他们的书画活动必定会带动湖州制笔业的兴起。

而湖笔最终名扬天下，成为文人墨客纷纷求取的佳笔，或者和元朝著名书画家赵孟頫有关。据《湖州府志》记载：赵孟頫十分重视湖笔的制作技艺，他曾要人替他制笔，一支不如意即令折裂重制。这种严格的质量要求一直流传至今，成为湖笔匠人们不断追求完美的动力。

Essentials

Notes

Summary

Notes

Essentials

Summary

Notes

Essentials

Summary

Essentials

Notes

Summary

Summary

Notes

Essentials

Essentials

Notes

Summary

Essentials

Notes

Summary

Notes

Essentials

Summary

Summary

Essentials

Notes

Summary

Notes

Summary

Essentials

Summary

Essentials

Notes

Essentials

舞龙灯

舞龙到底始自何时，已无可稽考。但舞龙祈雨的仪式风俗传承至今，成为中国人独具特色的传统习俗，是祈福祝祷最不可或缺的仪式，也是中国最富有民族色彩的民间艺术之一。

综观各地，中国南北各省皆流行舞龙的风俗，新年春节、迎神赛会、庆典贺喜，皆少不了以金、银龙助阵。人们手持龙具，随鼓乐伴奏，通过人体的运动和姿势的变化完成龙的游穿腾跃、翻滚戏缠，组合表演出各种造型与动作，充分展示出龙的精、气、神、韵。

世界上凡是有华人居住的地方就有“龙”之吉祥欢腾。

Essentials

Notes

Summary

Notes

Essentials

Summary

Notes

Essentials

Summary

Essentials

Notes

Summary

Summary

Notes

Essentials

Essentials

Notes

Summary

Essentials

Notes

Summary

Notes

Essentials

Summary

Summary

Essentials

Notes

Summary

Notes

Summary

Essentials

Summary

Essentials

Notes

Essentials

皮影戏

皮影戏，又称“影子戏”“傀儡戏”，观众欣赏的是幕后表演者用皮制人偶呈现在幕布上的影子，很多人都说这是电影的雏形。表演时，艺人们在白色幕布后一边操纵人偶，一边用当地流行的曲调讲述故事、演唱曲目，同时配以打击乐器和弦乐，有着浓厚的乡土气息。巴中皮影，作为这种古老而传统的戏曲艺术中的一个重要分支，流传到今天，具体有多少年历史已无从考证。目前关于皮影戏艺术的确实文字记载，最早见于宋代张耒著的《明道杂志》，上写道：“京师有富家子，少孤、专财，群无赖百方诱导之，而此子甚好看弄影戏，每弄至斩关羽，辄为之泣下，嘱弄者且缓之。” 由此可看出，皮影戏在宋代就已经完善并盛行起来，距今已有1000多年的历史了。

Essentials

Notes

Summary

Notes

Essentials

Summary

Notes

Essentials

Summary

Essentials

Notes

Summary

Summary

Notes

Essentials

Essentials

Notes

Summary

Essentials

Notes

Summary

Notes

Essentials

Summary

Summary

Essentials

Notes

Summary

Notes

Summary

Essentials

Summary

Essentials

Notes

Essentials

木版年画

木版年画，是中国历史悠久的传统民间艺术形式，有着一千多年的历史。在中国民间，年画就是年的象征，不贴年画就不算过年。开封朱仙镇木版年画是中国木版年画的发源地。中国木版年画兴盛于北宋都城汴京（今河南开封），随后传播、影响至全国其他地区，而开封朱仙镇木版年画被视为中国木版年画发展的“鼻祖”。

改革开放以来，随着中国经济的突飞猛进，文化艺术蓬勃发展，濒临失传的朱仙镇年画在姚敬堂、张廷旭、张继中等年画优秀传承人的努力下舒缓过来，一批反映新时代风貌的新年画，如“香港回归”“迎奥运福娃”被创作出来。2006 年 5 月，朱仙镇木版年画被列入国务院公布的首批国家非物质文化遗产名录，朱仙镇木版年画艺术开始焕发新的生机。

Essentials

Notes

Summary

Notes

Essentials

Summary

Notes

Essentials

Summary

Essentials

Notes

Summary

Summary

Notes

Essentials

Essentials

Notes

Summary

Essentials

Notes

Summary

Notes

Essentials

Summary

Summary

Essentials

Notes

Summary

Notes

Summary

Essentials

Summary

Essentials

Notes

Essentials

唐卡

唐卡是在松赞干布时期兴起的一种新颖绘画艺术，是指彩缎装裱后悬挂供奉的宗教卷轴画。它是一门古老的藏族技艺，具有鲜明的民族特点、浓郁的宗教色彩和独特的艺术风格，历来被藏族人民视为珍宝，千余年来影响深远，也是中华民族民间艺术中弥足珍贵的非物质文化遗产。热贡唐卡构图饱满、色彩艳丽、线条优美、图案繁密，其笔法细致入微、画风华丽铺张，类似中国画里的工笔重彩，设色、用金等方面尤为高明；既吸收了汉地文化，又继承了藏传佛教及西藏唐卡艺术风格，经过不断地传承及变迁，形成了鲜明的地域风格特征。

Essentials

Notes

Summary

Notes

Essentials

Summary

Notes

Essentials

Summary

Essentials

Notes

Summary

Summary

Notes

Essentials

Essentials

Notes

Summary

Essentials

Notes

Summary

Notes

Essentials

Summary

Summary

Essentials

Notes

Summary

Notes

Summary

Essentials

Summary

Essentials

Notes

Essentials

竹笋

据《诗经》《禹贡》等文献记载，竹笋在西周时期已成为餐桌上佳肴，此后相沿不衰，直到今天。清代文人李笠翁把竹笋誉为“蔬菜中第一品”，认为肥羊嫩豕都难与之比鲜。在安吉有种说法，说是只要品过安吉的冬笋，其他地方的冬笋都不要吃了；安吉冬笋如雪如玉、丰嫩鲜脆、口感上乘，在冬日的餐桌上，食之神骨俱清，可谓是最清雅、富有灵气的美味了。

3000 多年来，竹林人对“菜中珍品”竹笋的处理，蕴含着丰富而独特的生活智慧。搭配，是烹制竹笋的秘诀，笋几乎可以和任何一种荤素菜肴配在一起，被称为百搭菜。

Essentials

Notes

Summary

Notes

Essentials

Summary

Notes

Essentials

Summary

Essentials

Notes

Summary

Summary

Notes

Essentials

Essentials

Notes

Summary

Essentials

Notes

Summary

Notes

Essentials

Summary

Summary

Essentials

Notes

Summary

Notes

Summary

Essentials

Summary

Essentials

Notes

Essentials

风筝

东汉之前，由于制作工艺复杂，风筝主要应用在军事方面，这虽与主张“兼爱、非攻”的墨子的初衷相违背，但客观上却使风筝得以流传和发展；南北朝时期，“纸鸢”头上被装上“竹笛”发出“筝”一般

的响声，“风筝”一词逐渐演变为纸鸢、纸鹞等风筝的统称；唐宋时，风筝已有很多种类，扎、糊、绘、放等技术已具相当水平，而潍坊风筝真正开始兴盛起来并走向民间。

Essentials

Notes

Summary

Notes

Essentials

Summary

Notes

Essentials

Summary

Essentials

Notes

Summary

Summary

Notes

Essentials

Essentials

Notes

Summary

Essentials

Notes

Summary

Notes

Essentials

Summary

Summary

Essentials

Notes

Summary

Notes

Summary

Essentials

Summary

Essentials

Notes

Essentials

紫檀车珠

檀，有“善木”之意。紫檀出身豪门，自古即为皇室贵族家具专用木材，被称为“帝王之木”。中国自汉起，即认为紫檀是最名贵的木材之一，最早关于“檀”的记载，始见于《诗经·伐檀》：“坎坎伐檀兮，置之河之干兮。”晋代，崔豹《古今注》有记载，时称“紫檀木，出扶南，色紫，亦谓之紫檀”。唐宋时期，紫檀多被制作成乐器，如槽板的琵琶。《全唐诗》中，张籍《宫词》写道：“黄金捍拨紫檀槽，弦索初张调更高。”至元代，朝廷派专人从海外以重金购买的紫檀木，已成为元大都宫殿建造中不可多得的珍贵建筑材料。

Essentials

Notes

Summary

Notes

Essentials

Summary

Notes

Essentials

Summary

Essentials

Notes

Summary

Summary

Notes

Essentials

Essentials

Notes

Summary

Essentials

Notes

Summary

Notes

Essentials

Summary

Summary

Essentials

Notes

Summary

Notes

Summary

Essentials

Summary

Essentials

Notes

Essentials